Bibliografische Information der Deutschen Nationalbibliothek:

Die Deutsche Bibliothek verzeichnet diese Publikation in der Deutschen National-
bibliografie; detaillierte bibliografische Daten sind im Internet über http://dnb.d-
nb.de/ abrufbar.

Impressum:

Copyright © 2009 GRIN Verlag, Open Publishing GmbH
Druck und Bindung: Books on Demand GmbH, Norderstedt Germany
ISBN: 9783640643059

Dieses Buch bei GRIN:

http://www.grin.com/de/e-book/152415/google-der-wolf-im-schafspelz

Anonym

Google: Der Wolf im Schafspelz?

Kritische Betrachtung eines Weltimperiums

GRIN Verlag

GRIN - Your knowledge has value

Der GRIN Verlag publiziert seit 1998 wissenschaftliche Arbeiten von Studenten, Hochschullehrern und anderen Akademikern als eBook und gedrucktes Buch. Die Verlagswebsite www.grin.com ist die ideale Plattform zur Veröffentlichung von Hausarbeiten, Abschlussarbeiten, wissenschaftlichen Aufsätzen, Dissertationen und Fachbüchern.

Besuchen Sie uns im Internet:

http://www.grin.com/

http://www.facebook.com/grincom

http://www.twitter.com/grin_com

Georg-August-Universität Göttingen

Seminar: Medien und Politik

WS 2008/09

Google

Der Wolf im Schafspelz? Kritische Betrachtung eines Weltimperiums.

Inhaltsverzeichnis

1. Einleitung

Die vorliegende Hausarbeit beschäftigt sich mit dem kalifornischen Internet-Unternehmen GOOGLE. Der Begriff „googlen" ist in den letzten Jahren ein Synonym für das Suchen von Informationen im Internet geworden und seit 2004 im Duden Wörterbuch vermerkt. In Deutschland, Österreich und der Schweiz laufen 89 Prozent aller Suchanfragen über GOOGLE-Seiten. Die Suchtechnologie des Konzerns steht jedoch auch hinter den Suchmasken von T-Online, Web.de oder AOL. Es kann davon ausgegangen werde, dass 95 Prozent aller Suchen auf dem deutschsprachigen Raum über Google verarbeitet werden (vgl. Reppesgaard 2008, S.18). Ähnliche Tendenzen gibt es auch im englischsprachigen Raum. Anders hingegen ist es in östlichen und asiatischen Ländern wie Russland und besonders China. Hier ist das Ansehen von GOOGLE deutlich geringer, während die chinesische Suchmaschine Baidu ihren Marktanteil 2007 auf fast 50 Prozent steigerte (vgl. ebd., S.125). Auf die Entwicklung GOOGLEs werde ich im ersten Teil der Hausarbeit eingehen. Die von GOOGLE angestrebten Maßnahmen, um auf dem -mit bereits über 100 Millionen Internetnutzern- wichtigstem Zukunftsmarkt nicht ins Hintertreffen zu geraten, werden im zweiten Teil dieser Hausarbeit thematisiert. Ein wichtiger Aspekt, mit dem ich mich ebenfalls in dieser Hausarbeit beschäftigen werde, ist inwieweit GOOLGE durch die marktbeherrschende Stellung Einfluss auf die Zensur und Selektion der Informationen gegenüber den Suchenden hat, oder aber durch Regierungsorganisationen beeinflusst werden kann und damit ein falsches Bild bestimmter Realitäten wiedergibt. 2010 wird es 1,6 Milliarden Internetnutzer geben, sie richten über 300 Millionen Suchanfragen pro Tag an GOOGLE. Die Möglichkeiten der Einflussnahme sind auch durch Zukäufe von Youtube.com etc. oder kostenlose Programme wie GOOGLE Earth oder GOOGLE Mail enorm. Es gilt herauszufinden, ob der einzelne GOOGLE-Anwender durch die Firmenstrategie wirklich beeinflussbar ist. GOOGLE selbst hält sich mit Informationen über ihre Technologien, Entwicklungszahlen und wirklichen Werbeeinnahmen stark zurück. Besonders kritische Fragen zum Thema Datenschutz werden geschickt umgangen oder nur so sporadisch wie möglich von angestellten Lobbyisten und Pressesprechern beantwortet. Ist der Leitspruch „Don't be evil" (vgl. Reischl 2009, S.18), welchen die GOOGLE Gründer Larry Page und Sergey Brin über alle Tätigkeiten des Unternehmens stellten, wirklich noch der Wahrheit entsprechend? Diese Frage soll zumindest in Ansätzen in dieser Hausarbeit diskutiert werden, hauptsächlich aber einen Einblick in das Vorgehen des größten Internetkonzerns der Welt geben. Für die Erstellung dieser Hausarbeit werde ich besonders das Buch „Das Google Imperium" von Lars Reppesgaard (Hamburg 2008) sowie „Die Google Falle" von Gerald Reischl (Wien 2009) verwenden, da sie durch ihre Aktualität auf wichtige neue Entwicklungen bei Google eingehen.

2. Von der Suchmaschine zum Internetimperium

2.1 Entstehungsgeschichte

GOOGLE entstand 1996 als wissenschaftliches Projekt an der Stanford University, entwickelt von den zwei Elitestudenten Larry Page und Sergey Brin. Ziel war es, die Strukturen des Internets mithilfe eines mathematischen Verfahrens, das die Verlinkung der Seiten als Hinweis auf ihre Bedeutung annahm, zu untersuchen. Erste Ergebnisse dieses Recherchewerkzeuges konnten überzeugen und somit wurde dieser Vorläufer einer Suchmaschine zunächst in Universitätskreisen etabliert. Im September 1998 gründeten die beiden Studenten das Unternehmen GOOGLE Inc. Ende 1999 wurde GOOGLE nach finanzieller Unterstützung einer Risikokapitalfirma offiziell eine Website mit Suchmaschinenfunktion. Vorteil von GOOGLE gegenüber anderen Suchanbietern wie YAHOO und LYCOS war die nüchterne und zurückhaltende Startseite ohne Werbung. Es ging um die Suche, nicht um das Verkaufen. Dieses Prinzip setze sich durch! (vgl. Anlegerprospekt 2004.) Die Marke GOOGLE wurde mit einem Wert von 86 Milliarden Dollar zur wertvollsten Marke der Welt. Der Konzern hatte 2007 einen Umsatz von mehr als 16 Milliarden Dollar, daraus folgte ein Gewinn von 4 Milliarden Dollar. (vgl. http://www.millwardbrown.com/Sites/Optimor/Media/Pdfs/en/BrandZ/BrandZ-2008-Report.pdf S.10, letzter Zugriff 19.02.2009).

72 Prozent aller Internetnutzer nutzen tägliche eine Seite aus dem GOOGLE – Angebot (vgl. Reischl 2009, S.24.) Während im Jahr 2000 von etwa 560 Millionen katalogisierten Webseiten gesprochen wurde, glauben Branchenkenner heute daran, dass bis zu 25 Milliarden Seiten von GOOGLE indexiert wurden. Über die gigantische Größe des Computernetzwerkes, über das der Konzern verfügt, gibt es keine offiziellen Angaben. 2007 gab es Schätzungen von jährlichen Vergrößerungen um 400.000 Rechner. Es werden jedes Jahr 2 Milliarden Dollar in die Verbesserung der weltweiten Rechenzentren investiert (vgl.

Carr 2009). Dieses System von permanent wachsender Rechenleistung und Speicherplatz war Voraussetzung für das Heranwachsen des GOOGLE Imperiums. Neben dem Kernangebot GOOGLE Web Search gibt es weitere 60 Onlineprodukte wie etwa das Übersetzungsprogramm GOOGLE Translate, das Chatprogramm GOOGLE Talk oder GOOGLE Mail, das übliche E-Mail-Programme ersetzen kann. Mit 90 Millionen Nutzern ist der GOOGLE Dienst BLOGGER.COM die einer der größten Anbieter für Webtagebücher. Der Kauf von YOUTUBE 2006 vereinte zwei der gefragtesten Websites des Internets. Sie ist nach GOOGLE.COM die populärste Internetseite überhaupt. Auf diesem Videoportal findet man in der Regel keine professionellen Filme sondern amateurhafte Eigenproduktionen wie Musikvideos. Darüberhinaus versuchen Unternehmen mit Firmenvideos Bewerber anzulocken oder politische Aktivisten werben mit Propagandavideos für ihre Sache. Mehr als 100 Millionen Menschen nutzen diese Seite täglich. Mit GOOGLE Maps lässt sich auf einem interaktiven Stadtplan die Umgebung erkunden. BMW nutzt Teile dieser Innovation für das Assistenzsystem in ihren Autos. Mit GOOGLE Earth ist dem Konzern ebenfalls eine erfolgreiche Entwicklung gelungen. Über 350 Millionen Menschen nutzen den in 25 Sprachen erhältlichen Geobrowser, mit dem Satellitenbilder und Luftaufnahmen am Bildschirm betrachtet werden können (vgl. Reppesgaard 2008, S.22-26). Sämtliche Programme sind kostenlos und unkompliziert über die GOOGLE Seiten zu erhalten. Weltweit arbeiten 20.000 Menschen für das Unternehmen. 8000 davon in der Firmenzentrale, genannt GOOGLEPLEX, im kalifornischen Mountain View. Das größte europäische Forschungs- und Verwaltungszentrum ist in Zürich (vgl. ebd. S.85).

2.2 So funktioniert GOOGLE

Die Rechnerinfrastruktur hinter der prosaisch wirkenden Suchmaske ist weltweit einmalig. Sie schafft es 2000 Menschen, die sekündlich auf Computer von GOOGLE zugreifen, gleichzeitig mit Informationen zu beliefern. Weniger als eine Sekunde dauert eine gewöhnliche Suche auf die es Millionen Treffer geben kann. Diese Komplexität ist kein Problem, weil GOOGLE in der Lage ist zu wissen, was auf vielen Milliarden Webseiten steht. Das GOOGLE-Netzwerk sendet ebenfalls sekündlich spezielle Softwareproramme durch das Internet, die sogenannten Crawler. Sie steuern kontinuierlich Webseiten an und speichern eine Kopie dieser auf den Rechnern von GOOGLE. Die Systeme analysieren daraufhin den

Inhalt der Seite. Es ist für die Programme möglich, Wörter unabhängig von der Sprache zu erkennen. GOOGLE ist mit dieser Entwicklung in der Lage auch den Zusammenhang in dem die Begriffe stehen automatisch zu erkennen. Das Wort „Golf" wird sofort richtig als Auto, Sportart oder Meeresströmung erkannt und entsprechend katalogisiert. Über 100 Suchkriterien helfen GOOGLE innerhalb von Sekundenbruchteilen zum einen zu erkennen, welche Webseiten zu einer Suchanfrage passen und zum anderen in welcher Reihenfolge sie angezeigt werden. Diese Reihenfolge der angezeigten Ergebnisse und damit die Relevanz der einzelnen Seiten ermittelt GOOGLE mit Hilfe eines Page-Rank-Algorithmus, dessen Patent am 9. Januar 1998 von GOOGLE eingereicht wurde. Das Verfahren bewertet nicht den Text einer Seite, sondern zählt die Verweise, die externe Seiten zu ihr gelegt haben. Hierbei spielt auch die Qualität der verweisenden Verzeichnisse eine Rolle. Renommierte Anbieter erhalten ein höheres Gewicht als private Verlinkungen. Dieses mathematische Verfahren war lange immun gegen Manipulationen von Webseitenbetreibern, die an einem hohen Ranking in den Suchergebnissen interessiert waren. Page-Ranking verhalf GOOGLE zu einem entscheidenden Vorsprung gegenüber sämtlichen konkurrierenden Suchmaschinen.

Der Triumph des Internetkonzerns lässt sich mittlerweile nicht mehr ausschließlich auf die Patente der beiden GOOGLE-Gründer zurückführen. Die Firmenphilosophie ist weltweit einzigartig und soll zu einem höchst effizienten Arbeitsverhalten der Mitarbeiter – offizielle Bezeichnung GOOGLER – führen. Es gibt weder Richtlinien zur Arbeitskleidung noch feste Arbeitszeiten. Die Büros gleichen einem unaufgeräumten Kinderzimmer, dekoriert in bunten Farben und bestückt mit Lavalampen, Plastikpalmen, Aquarien oder Spielautomaten. Der Hauptsitz in Kalifornien verfügt über einen Pool sowie Masseure die während der gesamten Arbeitszeit für die Mitarbeiter zur Verfügung stehen. Sie sollen die Möglichkeit bekommen auch ihre Freizeit in der Umgebung von GOOGLE zu verbringen. Eine Wäscherei übernimmt die Reinigung von Hemden und Anzügen, Ärzte sind direkt auf im Firmenkomplex integriert. Essen und Getränke werden in 17 Cafés kostenlos zur Verfügung gestellt. Die Fahrt zur Arbeit wird durch eigene Firmenshuttlebusse vereinfacht, ein drahtloses Funknetzwerk sorgt dafür, dass die Angestellten auch dort schon mit ihrer Arbeit beginnen können. Der Aufbau des Gebäudes ähnelt einem Campus und ist für eine größtmögliche Kommunikation und Zusammenarbeit zwischen den Mitarbeitern konzipiert. Ein Fünftel ihrer Arbeitszeit können und sollen die Googler an ihren eigenen Projekten arbeiten. GOOGLE News und GOOGLE Mail sind Ergebnisse dieser Regelung. Durch dieses System will GOOGLE auch in Zukunft erfolgreich bleiben. Als reine Suchmaske mit angeschlossenem Kleinanzeigenprogramm wäre GOOGLE bald leicht austauschbar. Deshalb sind motivierte Mitarbeiter wichtig. Der Professor John Sullivan lehrt an der San Francisco University Management und ist der Meinung, dass das Geheimnis von GOOGLEs Wachstum das permanente Anwerben von außerordentlich talentierten Menschen, die bereit sind ihre Expertise und Kreativität für den Konzern einzusetzen. GOOGLE investiere mehr als die Hälfte des Budgets des Personalwesens in die Mitarbeitersuche, deutlich mehr als andere Unternehmen (vgl. Reppesgaard 2008, S.35-37). Die Stellen bei GOOGLE sind extrem begehrt, nur vier von tausend Bewerbern bestehen das umfangreiche Bewerbungsverfahren. Mehr als 760000 Bewerbungen erreichten GOOGLE im Jahr 2007, etwas mehr als 3000 Leute wurden eingestellt. Viele Googler haben hervorragende Abschlüssen der besten Universitäten der Welt und damit auf dem Markt für Informatikfachleute viel wert. Obwohl GOOGLE Einsteigern weniger Festgehalt zahlt als die Konkurrenten Microsoft oder Yahoo, entscheiden sich diese Fachleute trotzdem für GOOGLE und wählten das Unternehmen 2007 zum beliebtesten Arbeitgeber in den USA. Die Fluktuationsrate ist mit 5 Prozent nur halb so hoch in anderen Softwarefirmen. Die Anziehungskraft von GOOGLE wird auch dadurch besonders deutlich, dass über eintausend Millionäre bei dem Suchmaschinenriesen arbeiten. Es sind langjährige Mitarbeiter die auch durch den Börsengang reich geworden sind und trotzdem – wie die Milliardäre und Gründer Page und Brin – weiter ins Büro gehen und völlig nahbar und bodenständig für die Mitarbeiter da sind. Bei den technischen Studiengängen hat GOOGLE inzwischen Porsche und Ferrari als faszinierendstes Karriereziel abgehängt. Mit etwa 25 Prozent Frauen hat der Konzern mehr weibliche Kräfte als jedes andere Technologieunternehmen (vgl. Reppesgaard 2008, S.41).

Der Erfolg kommt jedoch nicht nur von talentierten und engagierten Informatikern, die ausufernde Kreativität der Entwickler muss mit nüchterner Mathematik und Statistik permanent in die Richtung gesteuert werden, die das GOOGLE-Management vorgibt. 70 Prozent des Mittel und Zeitbudgets werden in die Kernbereiche von GOOGLE geleitet. Das sind vor allem die Verfeinerung des Rankingsystems und die Pflege des Programmcodes, die definieren, welche Online-Anzeige wo platziert wird. 20 Prozent fließen in Produktbereiche, die nah an den Kerngeschäftsbereichen Suche und Onlinewerbung angesiedelt sind, etwa GOOGLE News, die Einkaufssuche FROOGLE oder GOOGLE Mail. Die restlichen 10 Prozent gehen in Dienste wie GOOGLE Earth, bei denen momentan noch nicht der Gewinn, wohl aber die Aufmerksamkeit der Internetnutzer im Vordergrund steht. Die Effizienz des Konzerns ist auf den 2001 von Page und Brin eingestellten Eric Schmidt zurückzuführen. Er agiert praktisch als Gegengewicht zu den Gründern. Mit damals 27 und 28 Jahren fehlte ihnen die nötige Erfahrung ein solch enorm wachsendes Unternehmen zu führen. Schmidt hingegen konnte in Führungspositionen bei großen Technologiefirmen wie Sun Microsystems Erfahrungen sammeln. Er gab GOOGLE die Struktur eines modernen Unternehmens und schuf damit die organisatorischen Voraussetzungen, dass sich die kreativen Köpfe im Konzern uneingeschränkt ihren Aufgaben hingeben können (vgl. Reppesgaard 2008, S.50-55)

Die GOOGLER verfolgen die Philosophie, dass alles was es auf der Welt an Informationen gibt, kann und sollte indexiert und öffentlich zugänglich gemacht werden sollte. Bereits im Jahr 1999 verkündete Sergey Brin in der ersten Presseerklärung von GOOGLE: „Eine perfekte Suchmaschine wird alle Informationen auf der Welt verarbeiten und verstehen. Das ist die Richtung, in die Google sich entwickelt". Weiterhin führt er an, dass GOOGLE praktisch allwissend werden muss und es ihre Mission sei die Informationen der Welt zu organisieren und weltweit zugänglich und nutzbar zu machen (vgl. Reppesgaard 2008, S.53). Der Autor der „Google Story", David Vise vertritt die Meinung, dass Page und Brin nicht aufgrund von privaten Profitgedanken geleitet werden, sondern vielmehr weil sie mit Hilfe von immer neuen Wachstumsfeldern die Ressourcen anstreben, um in ihre Visionen investieren zu können. Das größte aktuelle Projekt, welches mit Hilfe der Milliardengewinne umgesetzt wird ist das Einscannen von Büchern und Bildern. Die Vollendung dieser Aufgabe ist laut GOOGLE aber erst in 300 Jahren absehbar (vgl. ebd., S.56).

2.3 So macht GOOGLE Gewinn

GOOGLE hat es geschafft in der Öffentlichkeit zum Synonym für alle Suchmaschinen zu werden, doch ohne die Innovationen im Bereich der Onlinewerbung wären die Kalifornier keinesfalls zu einem weltweit bedeutenden Unternehmen herangewachsen. 99 Prozent des Einkommens erzielt der Konzern durch Onlinewerbung und ist damit die erfolgreichste Werbemaschine der Welt, meint der Medienwissenschaftler Hendrik Speck von der Universität Kaiserslautern (vgl. Reppesgaard 2008, S.58). Dies ist der Grund warum GOOGLE seine Suche, sowie die anderen Anwendungen im Netz kostenlos anbieten kann. Umso mehr Zeit die Menschen auf den Seiten von GOOGLE verbringen, desto mehr Geld kann das Unternehmen verdienen. Mit seiner ausgereiften Suchtechnologie ist der Konzern in der Lage, neben den Ergebnissen in der Regel genau die Anzeigen zu platzieren, die inhaltlich zu dem gesuchten Begriff passen. Das automatisierte System, mit dem die Suchmaschine Reklame neben die Suchbegriffe stellt, ist so treffsicher und effektiv, dass die Klickraten bei GOOGLEs Werbeprogramm um ein Vielfaches höher sind als bei anderen Onlinewerbeformen. Millionen von Klicks auf entsprechende Werbelinks verschaffen GOOGLE einen Milliardengewinn. 2007 investierten Unternehmen in Deutschland beispielsweise für Banner, Pop-Ups, E-Mail-Aussendungen und Adwords-Kampagnen fast 2 Milliarden Euro. Im Jahr 2008 wurde diese Summe auf fast 4 Milliarden Euro geschätzt. In den Vereinigten Staaten wurden 2007 mehr als 21 Milliarden Dollar für die Onlinewerbung ausgegeben, 2008 bereits über 26 Milliarden Dollar. Die Ausgaben steigen rasant im Gegensatz zu den sinkenden Werbeetats in Funk, Fernsehen oder Printmedien (vgl. Reppesgaard 2008, S.59)

Ein Vorteil der Internetwerbung ist, dass Computersysteme erkennen können, auf welchen Webseiten sich der Nutzer hauptsächlich aufhält. GOOGLE nennt diese eigens für diesen Zweck entworfene Softwareprogramm „Analytics". Darüber hinaus lassen sich auch direkt die Reaktionen der Verbraucher auf die gezeigten Werbeangebote erkennen und messen. Häufig zahlen die Unternehmen nur, wenn die Suchenden die Anzeigen wirklich anklicken und auf ihre Webseiten umgeleitet werden. Einen festen Preis für diese Art von Anzeigen gibt es nicht. Auktionen sind das gängigste Verfahren um festzustellen welche Schlüsselbegriffe für die Kunden die größte Priorität haben. Interessenten bieten dabei die Summe, die ihnen ein Klick auf ihre Anzeige wert ist. Die Kosten pro Klick können zwischen 5 US-Cent und 100 Dollar liegen(vgl. ebd., S.60).

2.4 Das wird GOOGLE vorgeworfen

Der erste oft genannte Kritikpunkt an dem Vorgehen GOOGLEs ist seine Informationspolitik. Nur äußerst selten bietet der Konzern selbstständig Informationen an, Interviews werden oft kurzfristig abgesagt und kritische Fragen gar nicht erst zugelassen. Jede Zahl, Statistik oder

Grafik, die an die Öffentlichkeit getragen wird ist GOOGLE-politisch korrekt abgestimmt. Details werden nicht offengelegt, damit die Konkurrenz nicht reagieren kann. Der Weltkonzern sei zu einem mächtigen Instrument herangewachsen, mit einer Informations-, Such- und Werbedominanz, die gefährlich und unkontrolliert werden könne, führt Gerald Reischl in seinem Buch „Die Google Falle" an (vgl. Reischl 2009, S.18-20). Der österreichische Journalist wirft dem Unternehmen vor, die Kontrolle über das gesamte Internet in naher Zukunft für sich beanspruchen zu wollen. Der Leitspruch „ Don't be evil", also „Tu nichts Böses" sei für die eigene Firmenpolitik nicht mehr ernst zu nehmen. GOOGLE konnten bereits Patentverstöße nachgewiesen werden. Ein Yahoo-Tochterunternehmen hatte GOOGLE verklagt, weil sie beweisen konnte, dass in einem der Programme Techniken einfach kopiert worden waren. Der Streit wurde unter Übergabe eines Aktienpakets im Wert von heue etwa 1,5 Milliarden Dollar im Rahmen des Börsengangs beigelegt. Weiterhin zahlt GOOGLE seit dem Lizenzgebühren. Der Suchmaschinenriese besitzt über 2000 Patente, trotzdem werden immer mehr Fälle aufgedeckt in denen er fremde Patente ohne Legitimation nutzt. Der aktuellste Fall stammt von der Northeastern University in Massachusetts, die der Firma vorwirft eine Datenbahntechnik zu nutzen, die seit 1997 patentiert ist (vgl. Reischl 2009, S.22-24). Laut einer aktuellen Studie des US-Internet-Marktforschungsunternehmens „comScore" nutzen 72 Prozent aller Internetnutzer im Jahr 2007 eine Seite aus dem GOOGLE-Angebot. Die Dominanz der Suchmaschine ist drastisch, mit über 92 Prozent ist sie die bekannteste Suchmaschine der Welt, Yahoo liegt bei 78 Prozent MSN oder Lycos kennen weniger als die Hälfte der Befragten (vgl. Reischl 2009, S.24). Damit wird ein weiterer Kritikpunkt deutlich, da die Marktdominanz und damit verbundene Monopolstellung könnte nach Reischl abhängig machen und Manipulationen hervorrufen. Daten-, Informations- oder primitive Meinungsmanipulation könnten die Folge sein. GOOGLE dominiert Such- und Werbemarkt im Web und ist dadurch elementar an der Informationsbeschaffung beteiligt (vgl. ebd., S.25). Dieser Vorwurf lässt sich anhand eines Versuchs bestätigen. Reischl geht soweit, der Suchmaschine vorzuwerfen, das Ranking der angezeigten Ergebnisse zu beeinflussen. Um diesen Vorwurf zu beweisen wurde untersucht, wie Wikipedia-Einträge von GOOGLE behandelt werden. Das Experiment, bei dem je hundert deutsche und englische Begriffe in vier verschiedenen Suchmaschinen (GOOGLE, Yahoo, AltaVista, Live) eingegeben wurden, ergab, dass GOOGLE Wikipedia bevorzugt behandelt. Bei 70 von 100 Suchergebnissen landeten bei GOOGLE Wikipedia-Einträge an erster Stelle, bei den Konkurrenten waren es 50 Prozent bei „Yahoo", 45 Prozent bei „AltaVista" und nur 21 Prozent bei „Live". Nach einer Studie von AOL klicken etwa 75 Prozent nur auf die ersten 3 Positionen innerhalb der Suchergebnisse. Daraus resultiert eine Erfolgsquote bei GOOGLE für Wikipedia von 91 Prozent (vgl. ebd., S.34-37). Ein ebenfalls häufig auf Kritik stoßendes Vorgehen des Suchmaschinengiganten ist das permanente Speichern und Erweitern des Wissens über den einzelnen Benutzer. Anhand der IP-Adresse soll der Standort des Computers eruiert werden können. Außerdem sein Browser, die dort gespeicherten besuchten Webseiten sowie gesetzte Lesezeichen bzw. Favoriten. GOOGLE gewichtet durch dieses Verfahren seine Kunden. Deutsche sind beispielsweise doppelt so wichtig wie Menschen aus der Antarktis. Die Suchmaschinennutzer werden analysiert und katalogisiert. Seit September 2008 hat sich der Konzern dazu verpflichtet Nutzerdaten nach neun Monaten, statt wie bisher nach 18 Monaten zu anonymisieren. Hierbei ist jedoch zu beachten, dass bei Personen die täglich oder zumindest regelmäßig „googlen" diese Frist immer wieder neu beginnt. Daraus lässt sich schließen, dass GOOGLE in jeder Sekunde weiß, was welcher Benutzer sucht oder auf welcher zu GOOGLE gehörigen Plattform er sich befindet. Dabei unterstützt das seit 2007 gekaufte Unternehmen DoubleClick GOOGLE mit einer bestimmten Cookietechnologie. Diese „Cookies" legen sich automatisch auf dem Rechner des Webseitenbesuchers, protokolliert was der Nutzer macht und schickt diese Informationen an den Hauptserver. Im weiteren Vorgehen wertet der Server die empfangenen Daten aus und kann die zum Surfer passende Werbung zum richtigen Zeitpunkt auf die entsprechenden Seiten senden. Diese Adserver-Methode optimierte den Werbeerfolgs des kalifornischen Unternehmens (vgl. ebd., S. 55-60). Dieser Entwicklung lässt Georg Reischl zu dem Schluss kommen, dass dieser Datenschatz in den Händen eines US-Unternehms sei, welches damit die Welt kontrollieren oder zumindest manipulieren könne. Er sieht das Problem in erster Linie nicht bei dem Konzern an sich, sondern vielmehr dass diese Daten von Europäern jederzeit an staatliche Institutionen weitergeleitet werden könnten. Ähnlich wie es auch Fluggesellschaften durchführen, um die Vereinigten Staaten anfliegen zu dürfen. Der Grazer TU-Professor Hermann Maurer geht sogar soweit, GOOGLE als die größte Detektei der Welt zu bezeichnen. Er fordert weiterhin, alle Suchmaschinen einer staatlichen Kontrolle zu unterziehen und sie von gemeinnützigen Einrichtungen wie Universitäten oder Regierungseinrichtungen betreiben zu lassen, damit sie einer öffentlichen Aufsicht ausgesetzt sind (vgl. ebd., S.58-61).

3. GOOGLEs Kooperation mit Regierungen

3.1 Kritik am Vorgehen Googles in China und anderen östlichen Ländern

Wenn eine Regierung heute beschließt, an bestimmte Informationen zu gelangen, dann muss sie ein Unternehmen auch liefern. GOOGLE hat diese Erfahrung mit der chinesischen Regierung bereits gemacht. Um die Werbe-Suchmaschine auch in China betreiben zu dürfen, musste sich der Suchmaschinengigant einer staatlichen Zensur unterwerfen. Erst nach einer zweiwöchigen Zwangspause, ausgehend von den chinesischen Machthabern durfte „Google.cn" aufrufbar sein (vgl. Tai Zixue 2006, S.101). Die Nachrichtenagentur AFP schrieb am 19. März 2007, dass sich GOOGLE gegenüber der Regierung verpflichtet hätte, Adressen aus seiner Datenbank zu entfernen, die von der kommunistischen Regierung als anstößig betrachtet werden (vgl. Reischl 2009, S.67). Diese Kooperation erlaube einer Regierung, Inhalte auf den GOOGLE-Seiten zu zensieren, nur damit der Konzern in China tätig sein dürfe. Die Begriffe „Unabhängigkeit" oder „Taiwan" führen auf der chinesischen Ausgabe von GOOGLE zu keinem Suchergebnis. Ebenso lassen sich keine Informationen z.B. über das Massaker am Tiananmen-Platz nachlesen. Die Organisation „Reporter ohne Grenzen", die sich weltweit für den freien Journalismus engagiert, wirft GOOGLE vor, sich durch Profitgedanken geleitet der kommunistischen Regierung unterworfen zu haben. Auch in Singapur soll Google mit den Behörden kooperieren um ihr Suchmaschinenangebot dort uneingeschränkt vermarkten zu können. Eine Zusammenarbeit zwischen den Kaliforniern und den Behörden ist kein Einzelfall. Als Betreiber des Blog-Dienstes „Blogger.com" hat GOOGLE im November 2007 die IP-Adresse eines anonymen Bloggers an ein israelisches Gericht weitergegeben. Er hatte sich kritisch gegen Regierungsmitglieder des Landes geäußert. Die Regierung zwang GOOGLE, trotz deren Beteuerung auf Meinungsfreiheit, dazu die vorhandenen Daten über den Nutzer herauszugeben. Heftige Kritik der US-Medien wurde mit einer gerichtlichen Verführung von Seiten der Israelis abgewehrt. Ein weiteres Beispiel bietet der 22-jähriger Informatiker Rahul Vaid aus Indien, er veröffentliche seinen Hass gegen die indische Kongress Chefin Ghandi in dem zu GOOGLE gehörenden sozialen Netzwerk „Orkut". Wenige Tage später half das Unternehmen Vaid an die Polizei auszuliefern. Diese Tatsachen verdeutlichen, dass eine richterliche Anweisung genügt um an die gespeicherten Informationen auf den Servern zu gelangen (vgl. Reischl 2009, S.68).

3.2 Zensur in Europa

Zensiert wird auch in Europa. In Deutschland werden regelmäßig Webseiten auf den Index gesetzt. Die Bundesprüfstelle für jugendgefährdende Medien ist dafür zuständig. Nach GOOGLE sind es unzählige Seiten die im Rahmen der Freiwilligen Selbstkontrolle Multimedia-Dienstanbieter auf die schwarze Liste gesetzt werden. Auch Yahoo oder MSN streichen Webseiten mit kinderpornographischen, rechtsradikalen oder gewaltverherrlichenden Inhalten aus ihrem Index. In vielen Ländern beschäftigt der Konzern Mitarbeiter, welche vorwiegend Lobbying, also das Kommunizieren mit Regierungen und Parteien betreiben. Im Prinzip sind sie politische Berater von GOOGLE. Wird ein neues Projekt geplant sind sie dafür zuständig vorher entsprechende Behörden zu kontaktieren um mögliche Auflagen zu erfahren und Einsicht in Pläne zu geben bzw. zu erhalten. In den europäischen Ländern ergibt weniger eine von den Regierungen geforderte Zensur ein Problem, vielmehr können sie GOOGLEs Innovationen für sich nutzen. Diese „Forderungen" führten dazu, dass eine 34-jährige Frau im Frühjahr 2007 des Mordes an ihrem Mann überführt werden konnte. Sie hatte in der Suchmaske die Phrase „how to commit murder" eingetippt, genau zehn Tage bevor ihr Mann erschossen wurden. Sie suchte nach verschiedenen Giftsorten und deren Wirkungen sowie möglichen anderen Waffen. GOOGLE weiß mehr als die Polizei. Die gesammelten Informationen sämtlicher angeklagten Verbrecher wären für polizeiliche Ermittlungen sehr hilfreich. Doch aktuell gibt es keine offizielle Angabe von Seiten der GOOGLE Verantwortlichen inwiefern Behörden an die Suchmaschine herantreten um solche Daten zu erhalten. Die britische Bürgerrechtsorganisation Privacy International (PI) unterstellte dem Unternehmen im Sommer 2007 absolut datenschutzfeindlich zu agieren. „Von keinem der untersuchten Unternehmen geht eine vergleichbare Bedrohung der persönlich Daten aus wie Google" sagte PI-Chef Simon Davis (vgl. Reischl 2009, S.71-73). In der Untersuchung wurden 23 Konzerne der IT-Branche sechs Monate lang analysiert. Hierbei wurden nicht nur technische Bewertungen durchgeführt, sondern auch Angaben kontrolliert die die betroffenen Unternehmen selbst übermittelt haben. GOOGLE fiel dadurch auf, dass es die mit dem Suchdienst erhaltenen Daten mit jenen aus anderen Diensten wie GOOGLE Mail oder GOOGLE Maps verknüpfen konnte und dadurch eine Art Gesamtprofil des Nutzers erhält. Identitäts- oder Seriennummern der einzelnen Programme helfen dabei die oft ahnungslosen Nutzer bei ihren Onlinetätigkeiten zu verfolgen (vgl. Reischl 2009, S.74-77).

3.3 Unbemerkter Einfluss von GOOGLE auf private Webseiten

Der US-Konzern dominiert nicht nur die bekannte Suche im Internet, sondern hat auch die Kontrolle über „normale" Webseiten; von privaten Homepages bis zu Videoportalen oder Nachrichtenseiten. Das Gratis-Tool „Analytics" kann jeder in seine Homepage integrieren. Es bietet Statistiken an, die anzeigen woher Besucher der Seite kommen, welche Seiten angeschaut werden oder auf welche Elemente sie klicken. In solche Webseiten die „Analytics verwenden wird ein Programmiersprachencode eingebettet, der diese Nutzerdaten ermittelt sowie die IP-Adresse protokolliert. Mehr als 80 Prozent der bekanntesten 300.000 Webseiten verwenden dieses GOOGLE-Programm. Die Benutzer selber wissen selbstverständlich nichts von diesem Programm. Normalerweise müssten die Webseiten-Betreiber die Besucher darauf aufmerksam machen, dass deren Nutzerdaten zur Auswertung in die USA gesendet werden und dort gespeichert bleiben. „Google verstößt damit regelmäßig gegen Datenschutzgesetze" sagt der Landesdatenschutzbeauftragte von Schleswig-Holstein, Thilo Weichert (vgl. Reischl 2009, S. 96). Mit der Hilfe von den oben beschriebenen Cookies kann der Suchmaschinengigant die Nutzungsdaten verschiedener Webseiten zu einem Profil zusammenfügen. Sobald ein Nutzer weitere Seiten mit dem Analytics-Programm besucht wird diese Information an die GOOGLE-Server weitergeleitet. Konkret bedeutet dies, dass der Konzern feststellen kann, dass jemand der seine Nachrichten über Spiegel.de liest, regelmäßig auch pornographische Seiten aufruft. Viele solcher Sexseiten im Web haben GOOGLE Analytics integriert. Diese Erstellung von Interessenprofilen der Menschen die sich regelmäßig im Internet aufhalten dient vornehmlich dem Werbezweck. Je besser ein Nutzer bekannt ist, desto effektiver kann die Art der Werbung auf den besuchten Seiten abgestimmt werden.

3.4 Folgen

Die von GOOGLE ausgehende Konsequenz ist es, möglichst viele IT-Unternehmen in den Konzern einzugliedern. Dadurch lässt sich ein immer größerer Teil der Webseiten kontrollieren und mit den vorangehend beschriebenen Softwareprogrammen ausstatten um die Internetnutzer umfassend zu analysieren und in bestimmte Werbekategorien einzuordnen. Zwischen 2001 und 2004 kaufte das kalifornische Unternehmen Firmen, die entweder Technologien entwickelten hatte, welche GOOGLE für die Umsetzung ihrer Pläne benötigte oder ernst zu nehmende Konkurrenten waren. 2005 kam die 5-Prozent Beteiligung an AOL und die Übernahme des US-Unternehmens Android, das eine Softwarelösung für den 2007 angekündigten Einstieg von GOOGLE in das Mobilfunkbusiness bot. 2006 wurden neun weitere Firmen gekauft, unteranderem das Videoportal „YouTube". 15 Firmen kamen 2008 hinzu, der größte Einkauf war der russische Werbedienstleister ZAO-Begun für 140 Millionen Dollar. Das hinter vielen Online-Unternehmen mittlerweile der Suchmaschinengigant GOOGLE steht ist häufig unbekannt. Doch besonders dieses Unwissen gehört zur Strategie der Kalifornier. Der normale Konsument nutzt täglich irgendeins ihrer Angebote, auch unbewusst. Genau dass ist das Ziel von GOOGLE, die Menschen sollen es für selbstverständlich halten im Alltag von den Entwicklungen des Konzerns abhängig zu sein. Daher auch der Vorstoß in das Handy Geschäft mit einem Handy das Computer, Navigationssystem und Terminkalender im Prinzip überflüssig macht und den Nutzer dazu verführt, sämtliche Online-Handlungen über GOOGLE zu führen. Der Grund für den enormen Erfolg und den Vorsprung gegenüber anderen Internet-Firmen sind diese strategisch gut durchdachten Übernahmen bzw. Käufe. Expertenschätzungen zufolge hat GOOGLE einen technischen Vorsprung zwischen neun und 24 Monaten. Dadurch kann es schneller als jedes andere Unternehmen auf neue Entwicklungen reagieren. Wenn es nötig ist innerhalb von Stunden, wie im Jahr 2007, als „ebay" plötzlich bekanntgab eine Technologie zu kaufen die es ermöglichen sollte Vorlieben der Internetbenutzer zu speichern und automatisch ähnliche Webseiten zu empfehlen. 5 Stunden später hatte GOOGLE ein sehr ähnliches Softwareprogramm auf ihrer Hauptseite eingefügt (vgl. Reischl 2009, S.158-165).

4. Schlussfolgerungen

Unabhängig von GOOGLE müssen Internetnutzer lernen, ihre Privatsphäre in der digitalen Welt aktiv zu beeinflussen. Sie sollten entscheiden können, wann sie anonym bleiben wollen und wann sie identifiziert werden möchten. Mit Marktanteilen von über 90 Prozent in Spanien, Frankreich, Deutschland, Österreich und der Schweiz aber auch in nicht europäischen Ländern wie der Türkei, Israel oder Saudi-Arabien ist der Konzern führend. Mit Blick auf diese dominante Stellung der Suchmaschine auf den meisten Märkten der Welt und die Informationsmengen, die GOOGLE sammelt halte ich es grundsätzlich für sinnvoll alternative Suchmaschinen zu entwickeln und zu nutzen – ganz abgesehen davon, welchen Weg Larry Page und Sergey Brin mit ihrer Firma in Zukunft einschlagen. GOOGLE verfügt wie jedes kapitalstarke große Unternehmen, über eine gewisse Macht. GOOGLE hat Geld, kann damit hochqualifizierte Mitarbeiter bezahlen und Werbung machen. Sie können Lobbyarbeit betreiben und sind damit vermutlich auch in der Lage politische Regelungen durchzusetzen die ihnen zugute kommen. Weiterhin können sie notfalls Konkurrenten kaufen oder Gerichtsverhandlungen durch Ausgleichzahlungen abwenden. Aber das GOOGLE-Imperium ist nicht das Römische Reich, das andere unterwerfen kann. Vorstandsmitglied Eric Schmidt erwähnte in einem Interview, dass die Kunden immer nur einen Klick weit davon entfernt seien, eine andere Suchmaschine zu benutzen (vgl. Reppesgaard 2008, S.262). Deshalb misst GOOGLE den Erfolg seiner Produkte stündlich und registriert jede Veränderung des Kundenverhaltens. Hier liegt die Chance der Nutzer, als gemeinsame Bewegung könnten sie dem Suchmaschinengiganten deutlich machen, was sie von dem Unternehmen erwarten, dem sie so einen großen Vertrauensvorschuss gegeben haben. Eine sinnvolle Forderung an die Verantwortlichen in Kalifornien wäre, die Datenbestände zu anonymisieren sowie bei der Bereitstellung und dem Betrieb von Dienstleistungen weniger Informationen der Besucher zu speichern. Technisch ist das möglich. Dazu reicht es in der Regel bei derartigen Massendaten aus, bestimmte Teile zu entfernen. GOOGLE wird dem Druck, das Missbrauchspotenzial in seinem Riesenindex zu entschärfen, nicht plötzlich nachgeben. Trotzdem müssen sie erkennen, dass der Preis dafür, ihren Datenschatz nicht freizugeben, eventuell sehr hoch ist. Dieser Konflikt ist oberflächlich mit der Problem der Atomindustrie zu vergleichen. Solange nichts schief geht, wirken viele Ängste überzogen. Wenn es aber doch zu einem Unfall kommt, sind die Folgen nicht wieder zu revidieren. Spätestens wenn die Marktloyalität von GOOGLE leidet, weil ein riesiger Datenpool immer wieder Streit verursacht, werden auch die gradlinigen GOOGLER begreifen müssen, dass es sinnvoll ist diese Zeitbombe zu entschärfen!

5. Literaturverzeichnis

Reppesgaard, Lars: Das Google Imperium. Hamburg 2008.

Reischl, Gerald: Die Google Falle. Die unkontrollierte Weltmacht im Internet. Wien 2009.

Carr, Nicholas: The big switch – der große Wandel: die Vernetzung der Welt von Edison bis Google. Bonn 2009.

Tai, Zixue: The Internet in China. Cyberspace and Civil Society. New York 2006.